HISTORIETAS JUVENILES: MISTERIOS™

BIGFOOT

La leyenda del hombre-monstruo

Jack DeMolay

Traducción al español:
José María Obregón

PowerKiDS press™ **& Editorial Buenas Letras**™

New York

Published in 2009 by The Rosen Publishing Group, Inc.
29 East 21st Street, New York, NY 10010

First Edition

Editor: Jennifer Way
Book Design: Ginny Chu
Illustrations: Q2A

Library of Congress Cataloging-in-Publication Data

DeMolay, Jack.
  [Bigfoot. Spanish]
  Bigfoot : la leyenda del hombre-monstruo / Jack DeMolay ; traducción al español, José Maria Obregón. – 1st ed.
       p. cm. – (Historietas juveniles. Misterios)
  Includes index.
  ISBN 978-1-4358-2536-9 (library binding)
  1. Sasquatch–Juvenile literature. I. Title.
  QL89.2.S2D4618 2009
  001.944–dc22
                                                                  2008010144

Manufactured in the United States of America

Contenido

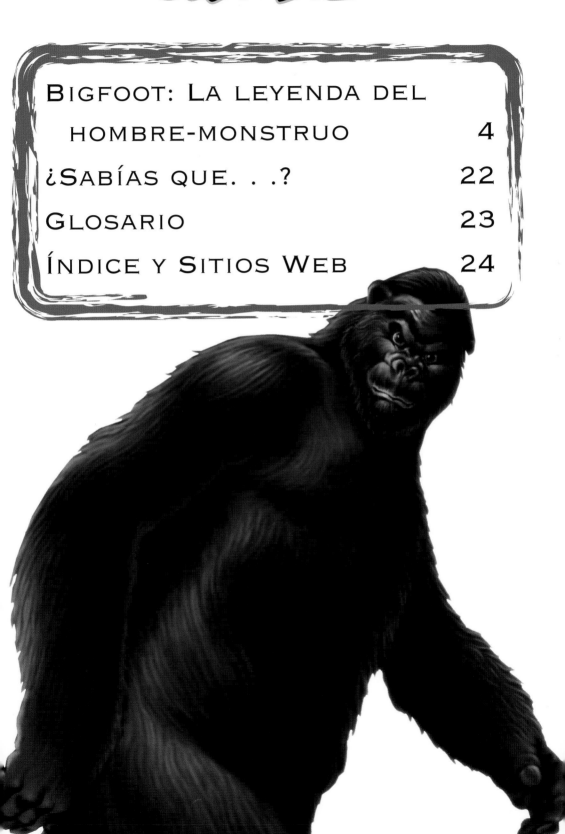

BIGFOOT: LA LEYENDA DEL HOMBRE-MONSTRUO

EL LUGAR ES EL MONTE ST. HELENS EN WASHINGTON.

EL AÑO ES 1924. PARA MUCHAS PERSONAS DE ESTA ZONA, 1924 SE CONOCE COMO EL AÑO DE BIGFOOT.

AQUEL AÑO SE VIO A BIGFOOT EN DOS OCASIONES EN LA COMUNIDAD MINERA DEL MONTE ST. HELENS.

VÁMONOS, COMPAÑEROS. LA CENA ESTÁ...

SNAP SNAP

¿QUÉ ES ESO, FRED?

NO SÉ, HANK. PERO ESTOY CANSADO DE LOS **INTRUSOS** QUE ROBAN NUESTRAS HERRAMIENTAS.

DE REGRESO EN SU CAMPAMENTO, LOS HOMBRES CONTARON SU HISTORIA.

¡COMPAÑEROS, HAY UN MONSTRUO EN EL BOSQUE!

EL MONSTRUO APARECIÓ ENTRE LOS ÁRBOLES. ¡DEBE MEDIR MÁS DE 8 PIES DE ALTURA!

FRED LE DISPARÓ, PERO LA BESTIA ESCAPÓ EN EL BOSQUE.

POR SUPUESTO, NADIE LES CREYÓ.

¡VAYA! ¡ÉSTA ES LA HISTORIA MÁS ABSURDA QUE JAMÁS HE ESCUCHADO!

EL COCINERO SE RIÓ DE ELLOS. TAMBIÉN SE RIERON LOS OTROS MINEROS Y LOS BUSCADORES DE ORO.

MUCHOS PENSARON QUE ESTOS HOMBRES HABÍAN PASADO MUCHO TIEMPO EN EL BOSQUE.

CANSADOS DE LAS BURLAS, LOS TRES HOMBRES REGRESARON A SU CABAÑA.

QUIZÁS LOS HABÍAN **CONVENCIDO** DE QUE NO HABÍA SIDO MÁS QUE UN MAL SUEÑO.

ASÍ, DUDANDO LO QUE HABÍA SUCEDIDO, SE FUERON A DORMIR.

EN EL CAMPAMENTO, LOS MINEROS SE BURLARON DE ELLOS.

¿NADIE LOS HA VISTO?

¡QUIZÁS EL MONSTRUO SE LOS LLEVÓ! ¡AY!

TODOS RIERON DE SU HISTORIA, ESPECIALMENTE EL NUEVO MINERO.

¡ES LA HISTORIA MÁS ABSURDA QUE JAMÁS HE OÍDO!

PERO LA RISA NO DURÓ MUCHO TIEMPO.

UNA NOCHE, LOS RUIDOS AFUERA DE SU CABAÑA LO DESPERTARON.

POR LA MAÑANA, ENCONTRARÍA LAS PISTAS QUE SE LE HABÍAN ESCAPADO A LOS TRES HOMBRES.

¡HOLA! ¿HAY ALGUIEN AQUÍ?

EL MINERO ENCONTRÓ LOS RASGUÑOS EN LA CABAÑA.

VIO ARBUSTOS PISOTEADOS.

¡EN EL CAMINO DE LODO, EL MINERO ENCONTRÓ UNAS HUELLAS!

NO PUEDE SER.

LA **LEYENDA** DE BIGFOOT CRECIÓ CON EL TIEMPO.

EL PRIMER **REGISTRO FOTOGRÁFICO** DE BIGFOOT SE TOMÓ EN 1967.

ROGER PATTERSON Y BOB GIMLIN FILMARON UNA PELÍCULA DE BIGFOOT EN EL PARQUE PINE BLUFF CREEK DE CALIFORNIA.

LA PELÍCULA FUE TRANSMITIDA POR TELEVISIÓN EN LOS ESTADOS UNIDOS. BIGFOOT SE HIZO MUY FAMOSO.

¡TIENEN QUE VER ESTO!

¡MARTHA! ¡NIÑOS! ¡VENGAN!

DESDE ENTONCES, MUCHAS PERSONAS HAN TRATADO DE ENCONTRAR A BIGFOOT.

EXISTEN CIENTOS DE FOTOGRAFÍAS Y MOLDES DE HUELLAS QUE DICEN SER DE BIGFOOT.

PARA ALGUNAS PERSONAS, LAS FOTOGRAFÍAS Y LAS HUELLAS SON UN ENGAÑO. PARA OTRAS, DEMUESTRAN QUE BIGFOOT EXISTE.

EN ESTA ÁREA SE HAN REGISTRADO LA MAYORÍA DE LOS ENCUENTROS CON BIGFOOT.

PARECE QUE ESTAMOS EN EL LUGAR ADECUADO.

HASTA QUE EXISTAN PRUEBAS DEFINITIVAS, LAS PERSONAS SEGUIRÁN BUSCANDO A BIGFOOT EN LOS RINCONES MÁS REMOTOS DEL PLANETA.

POR AHORA, SÓLO PODEMOS DISCUTIR SOBRE SU EXISTENCIA.

SÓLO PODEMOS PREGUNTARNOS SI ACASO BIGFOOT DEAMBULA POR EL MUNDO ESPERANDO A SER DESCUBIERTO.

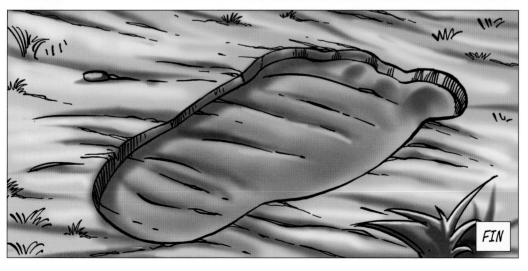

FIN

¡Sabías que...?

- Estados Unidos no es el único país que tiene una historia sobre Bigfoot. Canadá y algunos países de Asia tienen su propia versión de la historia. En Canadá se le conoce como Sasquatch, que significa "gigante peludo," y en Asia se le conoce como el Yeti.

- Willow Creek en California, se conoce como la capital de territorio Bigfoot. En el centro de la ciudad hay una estatua de madera de tamaño natural con la imagen de Bigfoot.

- Algunos científicos creen que Bigfoot es un simio grande que vivió hace muchos años y se llamaba *Gigantopithecus blacki*.

- Un hombre llamado Allen Berry dice haber grabado la voz de Bigfoot en las montañas de California, en 1972.

- Bigfoot recibió este nombre cuando el operador de una excavadora, llamado Jerry Crew, descubrió grandes huellas en el condado de Humboldt, California, en 1958.

- En el condado de Skamania en Washington, está prohibido cazar a un bigfoot. Quien lo haga tiene que pagar una multa de $10,000 dólares o ir a la cárcel.

Glosario

convencido Hacer que una persona crea en algo.

fósiles (los) Los restos de animales o plantas que se han endurecido y conservado.

intrusos (los) Personas que entran en un lugar sin permiso.

leyenda (la) Una historia que se ha contado durante muchos años pero que no puede ser demostrada.

pisoteados Que han sido aplastados por los pies.

protejerse Mantenerse fuera de peligro.

registro fotográfico (el) Cuando algo ha sido tomado por una cámara fotográfica.

Índice

Sitios Web

Debido a los constantes cambios en los enlaces de Internet, Rosen Publishing Group, Inc. mantiene una lista de sitios en la red relacionados con el tema de este libro. Esta lista se actualiza regularmente y puede ser consultada en el siguiente enlace: www.powerkidslinks.com/jgm/bigfoot/